Mujer teenek a la entrada de "Las cuevas del viento y la fertilidad" en Chununtzen en la Huasteca potosina.

"Este libro propone un imaginativo recorrido por los elementos naturales que la versada del maestro Artemio Posadas invoca en los sones de su disco *El viento que murmura*. Es un poético homenaje a la región huasteca del estado mexicano de San Luis Potosí, su música y su gente, e incluye páginas suntuosamente adornadas por la fotografía que lo acompaña".

—Everardo Rodríguez
Bibliotecario de Libros Únicos y Antiguos
Universidad de Stanford

HUASTECA, ¿DE QUÉ ESTÁS HECHA?

HOMENAJE

ROSA FLORES
Licenciada en Literatura y Comunicación

"Recorrido poético y fotográfico apoyado en la versada del disco 'El viento que murmura' y en la trayectoria artística y cultural del Dr. Artemio Posadas, Doctor Honoris Causa".

Huasteca, ¿de qué estás hecha?: Homenaje!
Publicado por Ancient Voices Publishing
Denver, CO

Copyright ©2023 by Rosa Flores. Todos los derechos reservados.

No se permite la reproducción total o parcial de esta obra, ni su tratamiento informático, ni la transmisión de ninguna forma o por cualquier medio, ya sea electrónico, mecánico, por fotocopia, por registro u otros métodos, sin el permiso previo y por escrito del editor/autor, excepto por un crítico quien puede citar pasajes dentro de una reseña.

El uso de todas las imágenes, logotipos, citas y marcas comerciales incluidas en este libro están sujetas a su uso de acuerdo con las leyes de marcas comerciales y derechos de autor de los Estados Unidos de América.

ISBN: 979-8-218-25407-0
LITERARY COLLECTIONS / Indigenous Peoples in the Americas

Diseño interno y de portada por Victoria Wolf, derechos de autor de Rosa Flores.

Nota importante sobre créditos: Todas las fotos y piezas de arte incluidas en este trabajo pertenecen a María Virginia Prieto, Artemio Posadas Jiménez y Roberto Mateo Posadas Martínez. Han sido autorizadas por sus autores para que se publiquen en este libro. Las fotos de mujeres indígenas bordando pertenecen al Maestro Jesús Alberto Flores Martínez, y la litografía de "La danza de las varitas" es obra del artista Carlos Joaquín Ramírez.

Idea y selección de foto de portada; Dra. Rosa Flores y Dr. Artemio Posadas.

COMPRAS POR CANTIDAD: Escuelas, empresas, grupos profesionales, clubes y otras organizaciones pueden calificar para condiciones especiales al hacer pedidos en cantidad de este libro. Para información, correo electrónico dr.rosaflores@gmail.com

Todos los derechos reservados por Rosa Flores y Ancient Voices Publishing.
Impreso en Estados Unidos de América.

Dedicatoria

Este trabajo es dedicado con alto honor para el

Maestro Juan Antonio Almendárez

¡Por su gran influencia en el trabajo posterior que el Dr. Artemio Posadas tuvo en su recorrido por los caminos del son y en convivencia con comunidades indígenas de la Huasteca!

Con agradecimiento y amor, con humildad eterna, dedico también este trabajo para mis padres:

Pablo Flores Valenzuela y María Cruz Sánchez,

quienes siempre apoyaron mis sueños.

"¡El arte no es arte hasta que estremece tu alma!"

Rosa Flores

CONTENIDO

- Dedicatoria v
- La autora del libro, ¡agradece! ix
- ¡A manera de introducción - ¡Dulce-eterna oración a la Huasteca! xii
- Prólogo 1
- La danza de las varitas. Litografía de Carlos Joaquín Ramírez Fernández, con poema de Rosa Flores 7
- ¡El Doctor Artemio Posadas, Agradece! 11
- ¡Un homenaje! 13
- ¿Quién es Artemio Posadas? Una breve biografía 15
- Imágenes de recuerdos 19
- Aspectos poéticos en la versada El viento que murmura, de Artemio Posadas 25
- Algunas formas líricas y figuras de significado usadas en la versada de El viento que murmura 49
- La entrevista, Dr. Artemio Posadas 53
- Los años fértiles en el Área de la Bahía: Un breve recorrido 57
- El National Heritage Fellowship's Program otorgó al Dr. Artemio Posadas el premio honorífico Bess Lomax Hawes durante una ceremonia que tuvo lugar en el Lisner Auditorium de la George Washington University, en Washington D.C. 67

- Doctorado Honoris Causa. Reconocimiento otorgado al Maestro Artemio Posadas por su contribución cultural a las tradiciones mexicanas...............71
- Huellas de luz, de pergaminos…¡Voces de piedra!.............73
- ¡La Leyenda se ha jubilado!...............81
- Personajes importantes dan su opinión sobre la trayectoria del Dr. Artemio Posadas 85
- Huapangueada de marzo, 2018...............87
- Expresión repentina de un palpitar convertido en canto: poemas en homenaje a la Huastecas...............89
  1. Huasteca, ¿de qué estás hecha?...............91
  2. Bórdame la historia...............95
  3. Mi búsqueda en paso fijo...............101
  4. En secuencia de semillas...............103
  5. ¡Algo tiene el huapango! (prosa poética)...............107
  6. Huapango, mágico ritual (prosa poética)...............109
- Palabras finales 111
- Biografía...............113
- Cómo contactar a la autora del libro 114

LA AUTORA DEL LIBRO, ¡AGRADECE!

Con humildad agradezco al camino y a la vida en ritmo. ¡Al asombro! A la reacción de mis sentidos. Agradezco a la voz lejana, a la voz que amo. La de aquellos que siguen repercutiendo en mis oídos como ecos de sonrisas y rostros esculpidos.

Agradezco a mis hermanos y hermanas: Genoveva, Lucía y Victoria, Rigoberto, Jesús, Pablo y Alberto. Gracias a mis sobrinos y primos, a esos mis amigos, a los que saben que en mi corazón palpita su nombre. A mis compañeros de baile, tan queridos. Y a mis compañeras de escuela, no las olvido.

Y mis maestros, tantos maestros. Una en particular: Irma Yolanda Sandoval, maestra de maestros, gracias eternas. Su estilo de enseñanza y su calidad humana marcaron mi camino y mis metas. Cómo olvidar sus pasos, al bailar, y al enseñarnos, su paciencia, y esa dedicación que no conoció fronteras. Y los concursos nacionales de huapangos, siempre llevándonos hasta las *Finales*, en cada competencia, cuánto orgullo. Gracias, maestra Irma Yolanda, por despertar en mi la pasión hacia uno de los estilos de baile más maravilloso que existen en Mexico: ¡el huapango!

Gracias también a Elías Andrade, quien con su belleza de bailarín impactó para siempre esta mi existencia conmovida. Y a Jaime Enriquez, a Manuel hernández Luna, y al maestro inolvidable,

HUASTECA, ¿DE QUÉ ESTÁS HECHA?

Felipe Silva Maldonado. Los llevo hondo en mi corazón, y en la memoria.

Agradezco a las personas que en forma espontánea apoyaron la idea de este trabajo; de este libro cuyos renglones como acueductos han buscado llevar la vida de existencias y voces.

Al fotógrafo, al artista visual, quien acertadamente enmarcó en su foto la perfección de un poema, con metáfora en color, con rostro en cueva noble, con veredas y lagos, y con la profunda presencia de la estoica montaña.

Agradezco su mágica visión, Roberto Mateo Posadas Martínez. Su gran contribución, María Virginia Prieto. Su espontánea colaboración, Dr. Artemio. La foto de la anciana teenek, magistral, y su reseña bibliográfica en la contraportada, es única y sentida.

Agradezco al maestro Jesús Alberto Flores Martínez, quien maravillosamente nos entrega en fotos de indígenas ancianas la majestuosa existencia de su labor (de ellas) y de sus rituales. Al artista Carlos Joaquín Ramírez, quien se esmeró en darnos la litografía exquisita de *La Danza de varitas*.

Agradezco a Julio Méndez y a su esposa, Josefina Gutiérrez, quienes con su maravilloso trabajo fotográfico nos brindaron imágenes históricas del camino, del recorrido en los eventos, festivales o, simplemente, en convivencias de comunidad y de familia.

A Everardo Rodríguez, bibliotecario de Libros Únicos y Antiguos para la Universidad de Stanford, por su hermosa reseña bibliográfica. A la maestra exitosa y talentosa, Arwen Lawrence, por tan exquisito prólogo, y a Patricia Hutchison, por sugerirme que Arwen lo escribiera.

Al honorable señor, Benigno Robles Reyes, representante legal del Centro Ceremonial de Tamaletom Tancanhuitz, San Luis Potosí, por su incondicional apoyo y lealtad a su cultura.

Un agradecimiento especial para María Constantina Santiago Rodríguez, mujer Teenek, quien noblemente aceptó ser parte de las fotografías ilustrativas que apoyan la versada del disco "El Viento Que Murmura", del Dr. Artemio Posadas. Su imagen poderosa fortalece la descripción de la lírica y le da marco perfecto al contenido general de este trabajo. Mil gracias, María Constantina!

Gracias a la mujer Teenek por la foto esplendorosa de portada. Ella, en su sagrado ritual, le dio respuesta gràfica al poema "Huasteca, de què estàs hecha?", porque lo convirtió en el título perfecto para el libro.

Esta hermosa imagen frente a la cueva, con esa mano en caricia a la montaña, en rezo sagrado, en reverencia, nos inunda de gozo y nos invita a las cuevas del Viento y la Fertilidad, en Chununtzen, San Luis Potosi. Las cuevas reciben su dulce caricia y desde adentro responden en brillo- entre paredes y grietas- con un sonido profundo de voces ancestrales. Gracias eternas mujer Teenek, por tan majestuosa foto de portada!

Gracias póstumas para Flavio Martinez, por su brillante participación en los festivales de Huapango, durante la década de los 90. Sus talleres sobre la cultura y tradición de la comunidad teenek, han quedado en la memoria como un eco dulce de suave presencia, de nostalgias!

Y para la anciana Teenek- inspiración del poema "En Secuencia de Semillas"- mil gracias! Pues su belleza es altamente conmovedora. Ella- sin saberlo- nos ha impactado con ese magnífico rostro de montaña!

Agradezco a María del Mar Cerdas-Ross, por su inmaculado trabajo de limpieza y corrección del manuscrito. Un jardín no luce sin la mano mágica de quien lo cuida. Y ella, con mano sutil ha hecho de este trabajo un bello espacio florido.

Agradezco a Patricia Elizabeth Hutchison, por su mística presencia en mi camino; por su sabiduría y su apoyo en mi constante búsqueda de huellas y memorias. Agradezco también a Victoria

HUASTECA, ¿DE QUÉ ESTÁS HECHA?

Wolf, artista de diseño, quien atinadamente movió fotos, párrafos y líneas, a lo largo del manuscrito, e hizo del formato físico una galería más placentera. ¿Y a Amanda Miller-cómo no decirle gracias? Su constante presencia y su sabiduría han forjado en mi camino, rutas infinitas de luz nueva.

Un dulce llorar brota con la gratitud, porque el espacio maravilloso del tiempo -minuto a minuto- nos invita a detenernos en la reacción de la humedad sobre las hojas, en la respuesta del viento y en el privilegio de lo inesperado.

Agradezco por siempre al indígena huasteco, a la mujer huasteca, a los que participan en danza y en ceremonias de cuevas, de caminos plagados de simbolismos.

Rendir un homenaje a la región huasteca fue el objetivo central de este trabajo. Sí... un objetivo hondo y sincero de compartir el gran amor por su cultura, sus sones, su tierra y su gente. Un propósito específico de honrar estas tradiciones con sus fascinantes ceremonias y con su incomparable belleza en la celebración del huapango.

Lo que hay en este libro no es una investigación, no es un análisis. Es en realidad, un homenaje espontáneo de imágenes, de prosa poética. Es un tributo humilde por todo lo que esta maravillosa región nos ha dado. La trayectoria artística y cultural del Dr. Artemio Posadas es la plataforma perfecta para compartir tal tributo.

Un gran agradecimiento para el Dr. Artemio Posadas por habernos permitido hablar de su recorrido por las veredas del son, en este humilde escrito.

Sinceramente,
Rosa Flores

A MANERA DE INTRODUCCIÓN

¡*Dulce-eterna* oración a la Huasteca!

¡En esa piel abierta del enorme cielo palpita el corazón de la Huasteca! Observo el centro de esa fiel cultura y descubro su inmensidad y su poesía. Las nubes parecen soñar lluvias de místicos ayeres. Cada color es un himno; perfecto, incomparable. Y esa luz tenue [del sol] se esmera en lanzar un canto en respuesta a la gratitud por los indígenas. No hay memorias en heridas... ¡Hay cantos en tonos de nostalgia! Hay sonrisas dibujadas en una suave expresión de dulce calma. Los indígenas que bailan y las aves que gorjean y la piedra humilde que respira; todo conforma la pieza magistral para un poema. ¡El color es rezo, es respuesta buena, es alegría! ¡Y el árbol en su sombra, es sabia actitud de dulce ancestro! Cuánta palabra que se junta en el alma para gritar amor y armonía. ¡Cuánto anhelo de amor y regocijo! Nunca se oculta el brillo porque llega la noche. Ni se esconde el color por el silencio. Nunca los murmullos de las nubes dejan de expresarse solo porque están en la lejana distancia. La Huasteca se encarga de aceptarlos... los cobija. Ella siempre los cobija. Me pregunto... ¿Cuánto significado habrá en la invisibilidad de los sonidos? ¿O en las gotitas de agua, en el sereno? ¿En la humedad mágica de la neblina? ¿En el halo que dialoga tímido alrededor de las estrellas? ¿O en la digna presencia de la nube? ¿En esa mágica estela que en firme elegancia baila feliz sobre el magnífico y conmovido manto de las cuevas?

En la sonaja se reproduce la voz de los caminos, de los pasos que bailan y dibujan un trazo que forma parte de una oración de muchos años. Me hipnotiza la vida en su nobleza. En su despliegue de dulces resplandores; cuando llueve y amanece, cuando amanece y llueve.

Me hipnotiza la cálida presencia del sol sobre la helada superficie del invierno, o cuando en tímido intento de expresarse la pequeña partícula de nieve -como espiga de antaño- vuela en palomita diminuta hacia su destino... Ese su destino que es el suelo.

¡Y la Huasteca, se estremece!

En calma, en anticipado duelo, en total humildad y regocijo, sin resistencia absoluta, me arrodillo. Y en este instante (sin cuestionar) mi nombre se convierte en palabra de gozo... En gratitud, en emblema vivo de nostalgia, en agradecimiento, ¡en oración perenne!

¡Dulce-eterna oración... a la Huasteca!

PRÓLOGO

Se arranca el son y mis oídos brotan ramas. El violín me arrebata, como la reata al toro. Corro detrás de las guitarras sin poderlos alcanzar, hasta que me pongo a zapatear. Solo así me echo encima de ese caballo y ¡vámonos! Y la voz, esa voz, toma la ruta corta y directa a mi corazón.

Tengo un cofrecito de madera que contiene mis cinco álbumes favoritos. En veinte años no han perdido su lugar exclusivo: Aretha Franklin en vivo, con Reverend James Cleveland y The Southern California Community Choir; un casete casero con Mercedes Sosa en un lado y Amália Rodrigues en el otro; José Alfredo Jiménez a dúo con Amalia Mendoza; la banda sonora de la película *The Harder They Come*; y el *Ave de mi soñar* con los Camperos de Valles cantando la poesía de Artemio Posadas. Este es el disco con que yo más canto.

La poesía del Doctor Artemio Posadas vive como parte de la música comunitaria de la Huasteca Potosina en México. Se transmite cantando, acompañada por el violín, la jarana, la huapanguera y el baile de la comunidad, nutridos por la naturaleza que los rodea. Su poesía es su contribución a esta cultura que le ha alimentado.

En esta obra, *Huasteca, ¿de qué estás hecha? Homenaje*, la forma en que la poeta, bailadora y Doctora Rosa Flores explora los simbolismos de la Huasteca, es exquisita. Se recrea en su lenguaje la estela de los antepasados bailando, el árbol como un abuelo de la comunidad y la semilla que grita. Para ella, esa cultura es tan enorme y vigente como una semilla con todas sus posibilidades. Inspirada por el arte y la

HUASTECA, ¿DE QUÉ ESTÁS HECHA?

influencia de Posadas, la licenciada Rosa Flores toma esa semilla y la trasplanta, la cultiva en su propio jardín. El resultado es este libro, una exploración de dicha poesía musical, una exaltación de la carrera del Doctor Artemio Posadas que vive en tributo a su cultura huasteca, una cultura perenne, sostenible. Este libro es una contestación de parte de la Doctora Rosa y es una obra poética en sí.

¿Será también la historia de muchas semillitas llenas de las diversas culturas que cargan los emigrantes en sus corazones al dejar atrás su país? ¿Será quizá como un recetario de cómo se puede germinar raíces que seguirán floreciendo en su nuevo hogar? La trayectoria artística del Doctor Artemio Posadas en los Estados Unidos, entretejida con una hermosa celebración de su poesía, es una plataforma justa y apropiada para honrar a la Huasteca, la de la tierra mexicana y la de los que han emigrado de ahí y que la llevan en sus corazones. Sin lugar a duda, Artemio Posadas no se echa flores a sí mismo, sino las cultiva para todos.

"El Centro" es el nombre que pronunciamos para referir a un centro cultural ubicado en el Área de la Bahía de San Francisco, en el estado de California. Su nombre oficial es East Bay Center for the Performing Arts. Se ubica en la ciudad de Richmond, rodeado por zonas industriales de metal oxidado y cortinas de humo venenoso. Se formó alrededor de la industria de la Segunda Guerra Mundial de la construcción de barcos. Atrajo a gente muy diversa y trabajadora y, hasta hoy, es donde viven afroamericanos, mexicanos, centroamericanos, laosianos, entre muchos más. La misión de este Centro es enseñar a los jóvenes que viven aquí, formas de expresarse en comunidad con la materia prima de sus propias culturas. Y aquí, por décadas, enseñó música tradicional mexicana (el son) Artemio Posadas. Es uno de los lugares en el Área de la Bahía de San Francisco donde dedicó su vida en Los Estados Unidos. Los estudiantes del Centro, amantes del son, incluyendo algunos adultos que hemos tenido la fortuna de poder venir para aprender de él, lo llamamos con mucho cariño "el Maestro".

Al llegar al Centro los sábados a las 9 de la mañana, las calles de Richmond son más tranquilas que en otros días, hay tiempo para sentir el sol en la piel soñolienta. De seguro yo corro para no llegar tarde, entonces no lo noto. Subo las escaleras con prisa, el café chapoteando en mano, hasta llegar al piso del teatro oscuro, esperando el color de la música de cuerda y zapato y las risas de los jóvenes aflorando. Y ahí, a un ladito, junto a su arpa y sus múltiples estuches de jaranas, huapanguera, guitarra de son, se encuentra el Maestro Artemio Posadas, en sus zapatos de maratón, y en el piso, la botellita de *wheat grass* (si no, un brebaje mágico de vinagre). Con su violín afinado y listo en la mano, me echa un pequeño saludo zapateado. En la mañanita es cuando se ve más alegre el Maestro.

No hay mejores palabras para describir la obra de vida del Maestro como las que él mismo declara: "ayudar a las comunidades a tener conciencia amplia de lo que significa mantener vivas las raíces". ¿Y cómo se logra? Si algo quería yo saber acerca de la música, sea del rasgueo de la jarana, no ayudaba preguntar al Maestro directamente. A través de sus respuestas aprendí mas sobre los valores nutritivos de tomar el pasto de trigo cada día o de la último maratón que corrió este señor de 75 años. Pronto aprendí que mi papel era escuchar, adentrarme al son, ejecutar para encontrar mis respuestas; y seguir escuchando, porque es como él aprendió.

Aquí en el Centro no hemos sentido el viento en la Huasteca, no hemos arrastrado la mano sobre la corteza de un árbol de ahí. Pero al rasguear la jarana, al bailar en comunidad en la huapangueada, al cantar la poesía que nos ofrece el Maestro, y al aprender a escuchar, empezamos a percibir el sabor de cosas que no son parte de nuestro entorno.

HUASTECA, ¿DE QUÉ ESTÁS HECHA?

Y en la poesía que nos enseña a cantar, siempre hermosa y amena, sea de él o ya de la tradición, se ve un profundo respeto al lenguaje, por su capacidad de expresar y divertir, siempre enfatizando la importancia de cantar lo que va con la sensibilidad de nuestros sentimientos. Nos brinda la confianza de escribir nuestros propios versos, versos que describen nuestros entornos con nuestras propias inquietudes.

La enseñanza evoca al joven estudiante, diciendo: ¡Esto eres tú! ¡Encuentra aquí! En este lenguaje hermoso que es tuyo, en estas reglas de la huapangueada, de bailar y hacer música en comunidad, en estos instrumentos tocas el árbol, rasgueas a las raíces y te encuentras.

Y no importa si ese joven no es de la Huasteca, se le está enseñando la cultura de son tradicional, como música comunitaria. Se les regala el idioma de los abuelos en un contexto hermoso. Tal vez los aprendices, empiezan a imaginar la semilla de sus papás que inmigraron de otros lugares, a través de la poesía que les enseña a cantar el Maestro, y hasta puede que se interesen, que pregunten y busquen.

Pienso en la Doctora Rosa quien, siendo oriunda de Colima, se define como bailadora de huapango; participó en concursos nacionales de Huapango en México donde obtuvo un segundo lugar nacional. Después de emigrar a los Estados Unidos, siguió nutriéndose de la cultura huasteca en colaboración con el Doctor Posadas y se empeña para escribir este libro de poesía como homenaje magistral. Pienso en su tiempo en el Centro, enseñando al lado del Maestro, inculcando el amor al baile a los jóvenes, como a la joven Dolores.

A los 10 años, Dolores García llega al Centro con la flauta en la mano, y ahora, aparte de su fuerza creativa como zapateadora, toca cada instrumento del huapango (y de otras culturas del son tradicional mexicano). Como adulto, la Maestra García toma las riendas como directora del departamento de son tradicional mexicano en el Centro; es evidente que lleva la visión del Maestro en su corazón.

ROSA FLORES

Y pienso en las personas como yo, que sin ser mexicana, es en la misma cultura mexicana donde encontré mi voz como cantante. Me doy cuenta de que los valores que me definen como artista y como maestra, brillan con la sabiduría del Maestro. Hay como nosotras muchas semillas en flor regadas por el Área de la Bahía. Se ve que estos dos poetas, Rosa Flores y Artemio Posadas, que han emigrado de su lugar de origen, traen consigo las memorias de sus raíces como semillas en sus corazones, las han sembrado en nuevas tierras y sí, han florecido, y seguirán floreciendo si los estudiantes de nosotros las siguen cultivando. Y los poetas nos enseñan que cultivar no es solo enseñar. Es también seguir nutriendo el arte personal.

En su más reciente discografía, *El viento que murmura*, el Maestro vuelve a su lugar de origen a meditar sobre su tierra y su ausencia, nutriendo su alma y su poesía. Y a través de ella y de la respuesta poética de la Licenciada Rosa Flores, nos llega ese viento de la Huasteca que murmura con una voz tan profunda, de un jardín floreciente y también de un corazón lleno y agradecido.

¡Cuánto valor tiene esta tradición, donde cada verso puede ser un mundo! Es una humilde semilla, con mucha memoria. En su polirritmia, en su melodía, en el lenguaje del pueblo, en las geografías, existe la materia prima para formar un verso sumamente huasteco. Lleva dentro de sí mismo toda una cultura palpitante y a la vez sumamente personal, porque vive y se recrea adentro de sus habitantes. Cruza fronteras con él, vive sus aventuras y lo pasa a otras generaciones. Y nos recuerda que un inmigrante no es solo un inmigrante, lleva un mundo vivo, complejo y bello en su corazón.

Arwen Lawrence
Co-fundadora de Cascada de Flores
Maestría de Educación Musical, Holy
Names University, Oakland, CA

Artemio Posadas, *La danza de las varitas*. Litografía del artista Carlos Joaquín Ramírez Fernández.

LA DANZA DE LAS VARITAS

"Es el suspiro el que florece en la montaña,
¡y, junto con el suspiro,
la humanidad en rezo eterno se levanta!
Mis pisadas llevan un eco de guerreros antiguos,
de percusión en tierra, de presencias de alborada.
¡Imperceptibles voces!
Audibles para la luna,
para el pájaro,
para el río hipnotizado
quien delicadamente
besa al rayo de sol -en el ocaso.

Igual mis pasos besan la tierra
y mi silueta se dibuja en movimiento repetido,
en sutil silencio que en suave reverencia se detiene.
Se insinúa en círculos, en líneas nobles,
en percusión entregada al rito
del honorable saludo a la existencia.

En cada percusión la tierra escucha,
en cada paso el concepto de historia
se re-inventa.
¡En cada golpe de mi pie desnudo
la nueva imagen del sol vuelve a nacer!

HUASTECA, ¿DE QUÉ ESTÁS HECHA?

El cascabel enredado en mis rodillas
funde su ritmo con el dulce tambor de cuero
que percute igualito que estos, mis pies hipnotizados.
El movimiento imperceptible de la hoja entiende mis pasos,
en el mismo instante en que el suave vapor de la neblina
toca su piel de seda verde. Mientras las golondrinas se enternecen.

¡Cómo ignorar a la noche que (tímida) grita su eco
en encanto de luz tenue! Huella perdida… equivocada.
Huella que al momento del alba se convierte
en mágica reunificación de mis memorias.

No se ignora al sonido,
ni a los colores… tampoco, al movimiento.

La sincronía del viento nos hermana
con la imagen presente; sinfonía visual,
con ese gorro cónico-negro-
rematado en abanico rojo, magia distante
de un sol admirado por el ritmo.
Y el cuchillo de madera -y la varita-
fina y delicada, firme y quieta,
siempre en suave movimiento,
sutil, sagrado como la nube-
y místico, ¡como la luna!

Memorias de armonías,
todo en un instante detenido.

La varita sublime-etérea

ROSA FLORES

conecta a mi espíritu con ese magnífico cielo
de alborada. Universo impregnado de códigos-
listones de colores, mensajes de orgullo y hermandad
de mis ancestros!

Hermandad del árbol con este suelo noble
y con el polvo agradecido por el beso furtivo de mis pasos.

En el eco del carrizo me reflejo...
¡y en el reflejo, me atraganto!

Un agradecimiento surge para el sol,
en el momento en que mi cuerpo en éxtasis,
se deja llevar por el hechizo de esa flauta
de carrizo!

Quizás honro a las aves;
o quizás rindo homenaje a la montaña.
Tal vez en cada paso busco la respuesta honda
de los ríos... de la honda cueva,
de la hendedura que en dulce silencio
enuncia su historia: esa invaluable historia
de existencias náhuatl y teenek.

El paso es saludo, es rendición de gloria
por el contacto sublime de la aurora.
Es rezo perenne, largo como los sueños
y eterno, ¡tan eterno como la piedra!"

—Rosa Flores

DR. ARTEMIO POSADAS, AGRADECE!

Agradezco infinitamente a todas las personas que de una manera directa o indirecta me han ayudado para que mi caminar por la vereda florida del son, sea más placentero.

A mi esposa Virginia Prieto, por su cariño y solidaridad.

A mis hijos Xicayán y Yacanex, porque ellos son la razón de mi vivir.

A la Doctora Rosa Flores, porque su invaluable trabajo poético-literario acrecentará el acervo cultural de la Huasteca.

Al Trío Huasteco de Valles por su excelente interpretación.

A Don Salvador Arteaga, quien con su guitarra Quinta le dio realce a esta grabación.

A todos los que estudian y disfrutan el son huasteco.

A Luis Monroy, por su gran trabajo en remasterizar este disco.

A J. Isabel Monroy, porque con las palmas de sus manos le dio un detalle percutivo que complementa esta grabación.

Agradezco a Arwen Lawrence, quien con su sensibilidad y profundo conocimiento hizo del prólogo una aportación de gran contenido.

A Jordan Simmons por su total apoyo a mis proyectos acerca de la cultura mexicana y en especial a los festivales huastecos y de Huapango.

HUASTECA, ¿DE QUÉ ESTÁS HECHA?

A Mary Ann Zahorsky, la ingeniera de sonido, quien siempre estuvo cuidando cualquier detalle en los festivales.

Agradezco también de manera especial a mi maestro, Juan Antonio Almendárez, quien me llevó en 1968 a conocer algunas comunidades teenek. Fue ahí donde pude escuchar la belleza de sus traducciones. Eso provocó un impacto importante dentro de mí, porque de inmediato sentí la necesidad de honrar a esa tierra, a sus habitantes, y desde luego, a su lenguaje único y mágico. El maestro Almendárez me llevó también a convivir con grandes huapangueros en Tampico, Ciudad Valles, y en Ciudad Victoria. Entre esos tríos están Los Camperos de Valles y Los Hermanos Calderón.

Agradezco a todos los huapangueros que fueron mi inspiración, entre ellos: Joel Monroy Martínez, Juan Balleza, Juan Coronel, Felipe Turrubiates, Celestino Reyes, Zeferino Galindo, Tomás Gómez, Serapio Padrón, El Negro Marcelino, Amado Porras, Salvador Arteaga, Tomás Juárez del Ángel, Basilio Flores, Osiris Ramsés Caballero León, y muchos otros más!

Dr. Artemio Posadas
Doctor Honoris Causa

UN HOMENAJE

La Huasteca vive en el alma como la semilla en la rama, siempre germinando, siempre floreciendo. ¡La Huasteca es espacio en el que la vida en semillita grita y baila! Espacio que la luz noble visita en su incomparable actitud de madre eterna.

Luz de sol, de luna, ¡de existencia! Luz de los suelos palpitando raíces. Luz imperceptible a la mirada desnuda pero visible de inmediato al corazón del universo. Visible al sonido del atardecer rojo, al atardecer enternecido por la brisa interminable de la nube, de esa nube en vapor, cuya exhalación transforma a la semilla en flor, ¡y a la piel de la hoja, en terciopelo de alba!

En caricia sutil el agua experimenta el contacto de un sol arrodillado, el agua del río, del mar, el agua del arroyo, del charco adormilado en suelos con lodo de lluvias repentinas. Y la naturaleza agradece en sonidos maravillosos de grillos y chicharras, de pájaros que visitan nidos incipientes, nidos de estío, espacios en donde la vida se dibuja en tiernos cuerpecitos emplumados.

¡No se ignora a la brisa! ¿Y cómo? Si su dulce cantar carga memorias legendarias. ¡Se respira la historia en el hueco de un árbol, y también en las oquedades de la maravillosa y espléndida montaña! La historia sagrada que recorre veredas mágicas de líricas y cantos, de profundos falsetes atrapados en las gargantas de tanta cueva, tanta gruta, de los pozos que en la sierra se hermanan para albergar a las golondrinas en las noches.

HUASTECA, ¿DE QUÉ ESTÁS HECHA?

Los sonidos surgen suaves, el falsete espera y con maravillosa sintonía cada elemento natural es instrumento. Cada golpe, cada gemido de mar, cada cambio de luz es rima en rasgueo de relámpago. En cada golpe hay un sentir, en cada giro un recorrido, conexión de movimiento con el viento, conexión del zapateado- con el eco. Percusión de alivio, dulce rito, línea profunda de un poema en armonía, voces que se abrazan a un violín enternecido, a un zapateado que (en figura de gacela) entrega su voluptuosidad en dulces movimientos que brotan del alma conmovida y quieta.

El violín en su nostalgia de árbol, busca mantener su memoria de rama en tácita hermandad con la tarima. Y no olvida a la jarana, tampoco a la guitarra. Juntos en implícito estruendo logran la magia de entregar esa maravillosa experiencia del son huapango, en momentos de absoluto ritual, ¡vehemente... vivo!

¿QUIÉN ES ARTEMIO POSADAS?

Una breve biografía

El Dr. Artemio Posadas nació el 24 de diciembre de 1948 en el ejido de Ábrego, que pertenece a la cabecera municipal de Guadalcázar, en el estado de San Luis Potosí, México.

Casa en **Ábrego**, *San Luis Potosí, a un lado de la casa donde nació el Dr. Artemio Posadas, con cinco hermanos, una hermana y primos.*

HUASTECA, ¿DE QUÉ ESTÁS HECHA?

Tuvo cinco hermanos y dos hermanas. Sus padres fueron Sebastiana Jiménez y Eufemio Posadas. Ambos nacieron también en Ábrego. Su papá tocaba violín en un grupo de músicos huapangueros que interpretaban huapango arribeño en topadas y en otras festividades que había en las rancherías cercanas. Sus hermanas ocasionalmente iban a bailar a las topadas. En algunas familias no era bien visto que las hermanas o las mujeres asistieran.

El Dr. Artemio comenzó en el ambiente del son tradicional entre los 16 y 17 años. Comenzó a identificarse con el son Huasteco cuando escuchó los instrumentos de esta región, pero sobre todo el falsete, que fue como un lamento desgarrador con el cual se identificó.

Él no cree tener un talento al escribir. Piensa, más bien, que el escribir es una inquietud bella que surgió para satisfacer sus necesidades de expresión. Descubrió que sus versos tenían algo que ofrecer en su forma y contenido, y decidió plasmar su sentir en esos versos que están ahora presentes en sus dos discos: *El ave de mi soñar* y *El viento que murmura*.

Los lugares donde se nutrió fueron Tampico, Ciudad Victoria, Ciudad Valles, y también en algunas comunidades indígenas en Aquismón, Xilitla, y Tamaletom, Chununtzen y Los Marcos, en la Huasteca veracruzana.

El Dr. Artemio ha estado dando continuidad al estudio sobre la cultura huasteca, enseñando algunas tradiciones del grupo étnico teenek y náhuatl, y enseñando a tocar violín, jarana y guitarra quinta huapanguera. Ha estado también organizando huapangueadas y continúa haciendo viajes a la Huasteca, la cual, como siempre dice, es su fuente de inspiración.

Juan Antonio Almendárez es la persona a quien -el Dr. Posadas- le debe todo lo que ha logrado, así como a los huapangueros en general y a los indígenas con sus tradiciones. Para el maestro Juan Antonio Almendárez está dedicado todo este libro.

El Dr. Artemio es un apasionado del son tradicional mexicano, con énfasis en la tradición huasteca, en la que ha encontrado la riqueza cultural que ha llenado sus necesidades de expresión.

IMÁGENES DE RECUERDOS

En memoria infinita su biografía se describe como imágenes constantes de recuerdos de infancia. Cada recuerdo respira en paredes de adobe y barro, en techos de lámina y piedras- que constituyen pisadas de la montaña lejana.

Casa donde nació el Dr. Artemio Posadas, en **Ábrego**, San Luis Potosí.

Las paredes en varas firmes como su pensamiento, se erigen en gruesos barrotes que son como guardianes de su propia historia. Y el barro -mezclado con zacate y piedra- se entrega sin cuestionar, a la realidad precaria de su vida.

Los colores de plantas y arbustos, y el color del cielo, se unen a la composición automática de un sueño que desde niño surgió y se fundió con los amaneceres de esa tierra sagrada. En su casa no había exactamente un jardín, pero el entorno parecía darle el color necesario con plantas silvestres, llenas de vida por la humedad latente de las aguas de la región.

En este espacio mágico se nutrió su espíritu, aquí se purificó su ser, se fortaleció el espacio indescriptible de una mente que observaba la desigualdad del terreno, en metáforas reales para situaciones de su vida; piedras de presencia antigua, en árboles siempre sorprendiéndolo con su silueta ancestral.

*Casa donde nació el Dr. Artemio Posadas, en **Ábrego**, San Luis Potosí.*

Cada espacio guardaba un gran recuerdo. El de la interacción ininterrumpida con los techos, siempre en riesgo de que se los llevara el viento; su interacción con los patios abiertos, como en espera de poner algo más ahí.

Esos patios, los cielos, las montañas con cuevas abiertas al prodigio de la santidad de la existencia, todo se convirtió en el material indiscutible para su creatividad posterior.

El Dr. Artemio Posadas con su tío Martín Jiménez, en la casa donde nació Artemio, en **Ábrego**, San Luis Potosí.

El aspecto físico siempre le produjo asombro. No por lo precario del entorno, sino por los múltiples elementos relacionados con la existencia. Era imposible respirar sin darse cuenta del viento que besaba las ramitas de los árboles. Respiraba la rama a través de ese color de rugosa piel de antigua madera. Y si andaba cerca de un río, podía contemplar el diálogo mágico de las aguas adorando a las nubes. Podía dejarse hipnotizar por el sonido del agua en conversación con la piedra y con los animales que agradecían a cada día el eco de los ocasos.

HUASTECA, ¿DE QUÉ ESTÁS HECHA?

Era difícil dejar pasar los minutos sin registrar el maravilloso canto de cada pájaro conmovido por lo cálido del clima. Su canto era un himno, un tributo inolvidable al arcoíris.

No podía solo caminar sin sentir ese suelo duro, polvoso, esa tierra noble con piedras estupefactas, sorprendidas por las pisadas de antaño, por las huellas de indígenas guerreros, de lejanos pies que, sin saber, marcaron su existencia en esos códices, depositados por la gracia de la circunstancia ordinaria. Su atención podía estar fija en un techo incompleto, en casas hilvanadas por muros disparejos, muros cuyo material nunca encajaba con el estándar de una construcción.

Y lo observaba todo: un pedazo de madera, una caña, un barrote extraviado en el espacio del campo, una semillita sola, germinando, un rayito de luz, un ladrillo esperando ser atendido.

Entre sus mayores gozos estaba el sagrado ritual de la montaña, sus visitas a las cuevas, al camino abierto y a ese río siempre amable en su dulce fluir. Todos en su memoria parecían estar siempre en rezo recurrente por la vida.

Nada pasaba desapercibido. Cada memoria se fue grabando en imágenes increíblemente hondas, de estío latente, de inviernos, de primaveras.

Y aunque dolía la vida, por la pobreza, por tanto, tanto abuso, por tanta conducta errónea de eclesiásticos en el poder. Aunque dolía la piel por el registro de manos nunca invitadas, de manos que se forjaron en la memoria como presencias oscuras, su ser sensible se fue erigiendo como pluma ligera que empezó a escribir (mentalmente y a cada instante) la fórmula del agradecimiento: por la tierra, por su legado de magia y ritmo y color, por su gente, por la pobreza que le abrió una vena hermosa de aprecio, de humildad, de perenne reverencia al sol, a la sierra, al humo, y a la neblina, al metate y al humilde fogón en donde su mente guardó eternamente las presencias de una madre estoica, noble... ¡poderosa!

Y en su recorrido por la vida se fue fusionando con los sonidos de su entorno, con el crecimiento de las plantas, con la presencia imperceptible del eco, de la lluvia, y de las aves que, al final, contribuyeron todos a esa honda sensibilidad que floreció más tarde en ritmo, canto y poesía −hermanándolo todo con la vida misma.

En los árboles pudo ver y sentir el espíritu hermoso de sus ancestros, de los antepasados mágicos llenos de riqueza y de sabiduría.

Pero también, en los árboles pudo sentir el alma de los instrumentos que aprendió a tocar más tarde: el violín, la guitarra quinta, la jaranita huasteca, el arpa, y otros muchos otros instrumentos que lo hipnotizaron por su hermoso sonido, atrapándolo indudablemente en su amoroso aroma de madera fina.

En las aves y en las golondrinas, en los truenos poderosos de tormentas benignas, en la voz de las cuevas y en el eco imborrable de cantos legendarios, en el tierno sonido de las corrientes del río; en todo ello pudo dejar brotar ese amor por el canto. Y su voz, su propia voz no pudo resistirse al hechizo de rendirle homenaje a la esencia de su ser. Le empezó a cantar al camino, aunque no tuviera un violín, y le dedicaba un verso a los pajaritos, aunque el verso no lo tuviera escrito, y se perdía en la nostalgia de la luz tenue de los ocasos, aunque llegara ya de noche a su humilde recinto, en donde podía visitar en sus sueños lo que ya había contemplado durante el día.

El Dr. Posadas caminó por la vida junto a la madre tierra y acompañado siempre por esa presencia eterna, inolvidable y mágica: ¡la Huasteca!

ASPECTOS POÉTICOS EN LA VERSADA *EL VIENTO QUE MURMURA*

"La magia que no fenece
se funde con tu neblina.
El deseo de verte crece
y mi paso no termina
hasta que mi boca bese
el suelo que te ilumina".

(en el son *La huasanga*, verso del Dr. Artemio Posadas en su disco *El viento que murmura*)

Mujeres teenek a la entrada de Las cuevas del viento y la fertilidad, en Chununtzen en la Huasteca potosina.

HUASTECA, ¿DE QUÉ ESTÁS HECHA?

Magia, esplendor, añoranza, belleza ininterrumpida: quimeras, ¡siempre quimeras!

Los versos de la producción discográfica de *El viento que murmura*, del doctor Artemio Posadas, reflejan la constante búsqueda de su suelo huasteco.

Ceremonia de fin de año del grupo étnico teenek en Las cuevas del viento y la fertilidad, en Chununtzen en la Huasteca potosina.

Reflejan la búsqueda de sus montañas, de sus ríos y de sus atardeceres sagrados que encierran la voz perenne de sus antepasados: de esos antepasados de Luz.

Ceremonia de fin de año en *Las cuevas del viento y la fertilidad*, en Chununtzen en la Huasteca potosina.

Grupo étnico teenek caminando y tocando rumbo a *Las cuevas del viento y la fertilidad*, en Chununtzen, Huasteca potosina.

HUASTECA, ¿DE QUÉ ESTÁS HECHA?

Es la búsqueda indeleble de las voces ancestrales que viven constantes en cada amanecer, en cada rayito que se filtra tierno por entre las ramas de los árboles.

Es la exploración de sonidos que surgen de las grutas maravillosas, de las cuevas mágicas plagadas de simbolismos y de interminable belleza.

¡No basta el sonido hermoso de la cascada para inspirarse!

Aguas del paraje Tambaca en la Huasteca potosina.

Aves en el camino a La Trinidad, Xilitla en la Huasteca potosina.

No basta el canto de esa ave sorprendida por el color o por el brillo del sol, o por la presencia de la nube.

Nuberío en el camino a La Trinidad, Xilitla en la Huasteca potosina.

HUASTECA, ¿DE QUÉ ESTÁS HECHA?

¡No, no basta eso! Es fundamental la combinación mágica de la pintura que entrega el horizonte en el ocaso, para adentrarse a la creación de un verso. Hace falta esa armonía innegable de sonidos tiernos que surgen mientras el día transcurre; cuando el matiz dorado del cielo resplandece y los pájaros responden al embeleso del color multiplicado en el horizonte.

Aguas del río Huichihuayán en la Huasteca potosina.

¡Cuánta poesía encuentra -quien escribe- en el agua que corre entusiasmada porque la montaña se refleja en ella! Cuánta magia expresada en la policromía del sol que se abraza enamorado a cada gotita de lluvia, a cada hojita verde que saluda agradecida al viento, ¡a los pajaritos y a las nubes!

Nube en el camino a La Trinidad, Xilitla, en la Huasteca potosina.

Mujeres teenek incensando en Las cuevas del viento y la fertilidad.

HUASTECA, ¿DE QUÉ ESTÁS HECHA?

El verso creado por el Dr. Artemio Posadas nos entrega aspectos que le significan, la naturaleza y sus elementos, los sentimientos y situaciones de la región: la realidad incomparable de su propia vida dedicada al canto, a la poesía y a la música.

Gelasio, capitán de la danza, El Rey Colorado.

Sus historias se plasman en memorias tímidas; fotografías imborrables que marcan la diferencia entre lo cotidiano y lo que conforma un legado de amor, de homenaje a su tierra. Nos entrega en cada verso la tierna comunión de los colores que -en místico ritual- brotan de la neblina fascinada por la humedad quieta y dulce de un atardecer en armonía.

Camino cercano al Sótano de las Golondrinas, Aquismón, en la Huasteca potosina.

En sus versos se escucha la jarana tierna, de profundo rasgar; se escucha la guitarra quinta (o huapanguera) que llega hasta el violín entregando el ritmo único de palpitar en golpe doble; percusión binaria, uno y otro -enlazados, conectados, juntos.

HUASTECA, ¿DE QUÉ ESTÁS HECHA?

*Instrumentos tradicionales para tocar huapango.
Sombrero de Tantoyuca, Veracruz.*

Los adornos de los instrumentos, los estremecedores y hondos rasgueos de jarana y huapanguera, junto con la viva voz del falsete, todos nos entregan en marcado éxtasis, un profundo poema de amor al universo huasteco.

El falsete despliega arte, sufrimiento de anhelo, misterio que se desprende como el gemido del que ama, del que añora o del que goza la vida que se ofrece a cada instante en el crecimiento de una flor y en el sonido de una rama que el viento mueve en tierna caricia. Es el himno mágico que espontáneo, brota cuando la brisa pasea por la montaña núbil, montaña en amanecer: abierta, pura y callada.

El falsete que describe lo cotidiano y que le toma fotos al lago y a las chozas y que, a su vez, nos ayuda a sentir los aromas de la tierra, del fuego que arde en las casas mientras se cocina el alimento ordinario.

Ese falsete se desprende auténtico y espontáneo mientras el alma explota en añoranza.

Casa de palma en el Centro Ceremonial de Tamaletom en la Huasteca potosina.

Aves en Tamaletom en la Huasteca potosina.

HUASTECA, ¿DE QUÉ ESTÁS HECHA?

Este universo entregado en verso nos ayuda a plasmar dentro de nuestro ser, la imagen imborrable de cada memoria que se encuentra en la música, en el canto, en el huapango y en las maravillosas danzas indígenas.

Gelasio, el capitán de la danza El Rey Colorado.

Para el Dr. Artemio Posadas, el suelo huasteco lleva en su esencia la alegría de sus ancestros, de su ser entero. Encierra también esperanza: para él, el suelo huasteco lleva la vida. No se puede ignorar la magia del sonido que surge de la caricia de ese sol tocando la existencia; de esa brisa cálida que viene a representar el murmullo lejano de huellas convertidas en música y creación, en dulce amor, sabio y sereno.

Ejemplo de amor y admiración son los versos de esta producción discográfica: *El viento que murmura*, cuyo enfoque busca honrar humildemente a la tierra, a la existencia rutinaria de los días brillando en tierna esperanza.

El nacimiento del río Huichihuayán en la Huasteca potosina.

Y se pueden captar los simbolismos latentes que describen la existencia de seres míticos, seres que hipnotizan y enamoran; los destellos de la luna, que son para el que escribe, ojos mágicos que ayudan a contemplar la voluptuosidad de la montaña.

Amanecer cerca de El Sótano de las Golondrinas.

El poeta se nutre, se impregna, se enamora. Nos permite disfrutar (junto con él) de la prodigiosa realidad que palpita junto con sus venas, permitiéndole respirar, pensar, soñar y estremecerse. Y así -mientras observa- recrea la vida en arte para entregarla después en poesía pura y sincera.

Huapangueada en casa de Jorge y Lourdes Beltrán, en Santa Clara, California.

Constantina, mujer teenek en Tamaletom.

El son *La presumida* es fundamentalmente eso. Es una mezcla exquisita de la realidad de la poesía natural en el suelo huasteco con la imagen femenina que representa fuerza, vida y voz: la imagen transformada en cielo, transformada en montaña y en magia.

HUASTECA, ¿DE QUÉ ESTÁS HECHA?

Constantina, mujer teenek en Tamaletom.

"Presumida se reparte
el estambre en tus cabellos
si en tus manos está el arte
de bordar motivos bellos
el camino para hallarte
bórdalo con tus destellos".

(En el son *La presumida*, lírica del Dr. Artemio
Posadas, en su disco *El viento que murmura*)

Versos de arte menor medidos en cadencia elegante, que se combinan perfectamente con el sentir profundo de su autor y de quienes participan de la ejecución musical. La interpretación invita a participar de su amor hacia la cultura rica y profunda: la cultura huasteca, cuyo nombre es himno a la existencia.

"Huasteca que diario naces
sobre la Mar del Oriente
aquí te dejo mis frases
cual homenaje ferviente
para que las entrelaces
con tu follaje sonriente"

(En el son *La huasanga*, lírica del Dr. Artemio
Posadas, en su disco *El viento que murmura*)

HUASTECA, ¿DE QUÉ ESTÁS HECHA?

El río Huichihuayán y al fondo, la Sierra Madre oriental.

Es fundamental entender que el poeta observa su entorno, lo recrea en cada paso. Tiene que nutrir su vena creativa entendiendo cada aspecto vivo de ese suelo. Artemio escucha sus pasos en la tierra, siente las piedritas arrinconarse mientras junto con ellas lanza una oda de amor a la montaña. Observa la luz filtrarse por cada rama y por entre la mística niebla de la sierra. ¡La mágica sierra tan voluptuosa, tan poética!

Para Artemio Posadas, quien precisamente ha captado cada aspecto geográfico de su suelo huasteco, el verso fluye espontáneo y se mezcla con la cadencia de la vida, con las voces del viento y con los murmullos de una brisa enternecida: de *un viento que murmura*, un viento que honra la pasión, dando paso a la poesía.

> "Queriendo hallar tu figura
> invoco a la Providencia
> solo el viento que murmura
> besando el agua silencia
> escucha el eco en la altura
> reflejo de tu dolencia".

(En el son *La petenera*, **lírica** del Dr. Artemio Posadas, en su disco *El viento que murmura*)

En la versada del maestro y Dr. Artemio, hay una intención en cada línea; hay un propósito latente de levantar a esa imagen de la Huasteca hasta el confín mágico de lo exquisito. Se siente el sublime canto mientras suena la jarana, se mezcla en suave caricia la voz (de quien canta) con el sonido de la huapanguera o guitarra quinta, con el violín de dulce misterio, nostálgico violín que encierra añoranza y dolor por extrañar el suelo puro y noble de la tierra huasteca. El resultado prácticamente es elegancia y sensualidad, ¡es arte! Porque eso es la Huasteca para el Dr. Artemio Posadas: elegancia y belleza (de mujer, de tierra, de poesía) que se queda en la imaginación en suaves líneas de sutileza, esbozos tímidos que prometen arte seguro.

HUASTECA, ¿DE QUÉ ESTÁS HECHA?

"En tu sierra de esmeralda
tú paseas, y yo me alegro
tú paseas y yo me alegro
en tu sierra de esmeralda
y en el vaivén de tu falda
se refleja el pelo negro
se refleja el pelo negro
resbalando por tu espalda.

(En el son *La presumida*, lírica del Dr. Artemio Posadas en su disco *El viento que murmura*)

Constantina, mujer teenek.

La adoración y la palpable manifestación de amor que sabe a recuerdos se pronuncia aquí, en estas líneas que juegan el exquisito rol de la luz paseando en la montaña, o de la mujer que amanece para empezar su jornada en la sierra, o incluso de la misma brisa que visita los caminos siempre misteriosos de los suelos huastecos.

Cada son representa eso: búsqueda, entrega, vida diaria. Es el encuentro único entre el artista que escribe y su admiración por la mujer, por el lago y por la montaña.

HUASTECA, ¿DE QUÉ ESTÁS HECHA?

"Las aves con su aleteo
reciben el nuevo día
al saber que en ti yo veo
la luz que mi senda guía
se amontonan y el gorjeo
se escucha en la serranía"

(En el son *La leva*, lírica de Dr. Artemio Posadas
en el disco *El viento que murmura*)

Amanecer, salida de las golondrinas, en El sótano de las golondrinas. Aquismón, Huasteca potosina.

Los versos de Artemio Posadas son versos sinceros, honestos, respetuosos; versos que reflejan admiración hacia los seres humanos, los que viven en su zona huasteca y, muy profundamente, hacia la tierra. Son versos que fluyen en pensamiento ordinario, solidario y dulce. La vida huasteca para el Dr. Artemio es sinónimo de veneración y agradecimiento, de entrega y de completa fascinación.

Hechizado se encuentra en la realidad mágica de la existencia, de los días entrelazados con los tonos del tiempo, del sol, del espacio en armonía, de los instantes callados que miran pasar la vida mientras las semillas cantan, con voces de flor, de aromas, de colores y ritmos y de algarabía.

Músicos teenek rumbo a Las cuevas del viento y la fertilidad.

ALGUNAS FORMAS LÍRICAS Y FIGURAS DE SIGNIFICADO USADAS EN LA VERSADA DE *EL VIENTO QUE MURMURA*

Las figuras de significado consisten en provocar cambios en lo que significan las palabras. Para efectos de este homenaje, la presencia de ciertas figuras de retórica no puede quedar desapercibida, sobre todo porque estas figuras agregan fuerza y color a la lírica y ayudan a conectarse más profundamente con el sentimiento del que está escribiendo.

La *sinestesia* está presente en muchos de los versos de esta producción y es necesario enumerar algunos ejemplos. La sinestesia es una figura retórica que, además de la mezcla de sensaciones auditivas, visuales, gustativas, olfativas y táctiles, asocia elementos procedentes de los sentidos físicos con sensaciones internas (sentimientos).

Para empezar, el mismo título es ya ejemplo vivo de esta figura de retórica. "El viento que murmura", sensación directa del viento en la piel, más el sonido que murmura en el oído. Esta línea es dulce manifestación de esta figura de retórica. En el son *La huasanga* se ilustra también la sinestesia:

HUASTECA, ¿DE QUÉ ESTÁS HECHA?

> El rayo de sol que asoma
> en tu follaje se enreda.
> La flor que nace en tu loma
> para adornarte se queda
> y perfuma con su aroma
> la humedad de tu vereda.
>
> (En el son *La huasanga*, lírica del Dr. Artemio
> Posadas, en su disco *El viento que murmura*)

La invitación a contemplar es innegable. La vista se deleita y la imaginación viaja junto con el poeta/trovador y disfruta del brillo del sol enredado inevitablemente en el follaje, contemplando sin querer ese adorno tímido insinuado sutilmente por el poeta, aceptando cada paisaje y absorbiendo el perfume y la humedad de "tu vereda". Nuestros sentidos se nutren. Miramos al sol asomado, enredado en el follaje, y descubrimos sin esperarlo el aroma de perfume y de humedad, y nos dejamos llevar por el hechizo de esta dulce poesía. Otro vivo ejemplo de *sinestesia* es el verso de *La leva*:

> Las aves con su aleteo
> reciben el nuevo día
> al saber que en ti yo veo
> la luz que mi senda guía
> se amontonan y el gorjeo
> se escucha en la serranía.
>
> (En el son *La leva*, lírica del Dr. Artemio Posadas,
> en su disco *El viento que murmura*)

Imaginar a las aves volando ayuda a disfrutar el verso y a su vez, logramos ver su aleteo, expresión vehemente saludando al nuevo día, luz que nos conduce a caminos buenos, que nos da igualmente el gorjeo siempre alegre, vivo y tierno de los pájaros agradecidos por la existencia.

Rima y ritmo

Rima y ritmo son ambos patrones que consisten en la repetición de sonidos o palabras similares (ya sea en prosa o en poesía). Esto produce un efecto musical suave. Ejemplo de rima y ritmo son cada uno de los versos del son *La huasanga*:

> "En mi sueño te concibo [Verso A]
> Como un remanso perenne [Verso B]
> Y mi corazón cautivo [Verso A]
> En tus brazos se detiene". [Verso B]

La rítmica del sonido de estos versos octosílabos ayuda a entender la tesitura y la imagen. La rima tiene presencia cuando descubrimos en los versos A-A el sonido "ibo-ivo", junto con los versos B-B, que ilustran el sonido "enne", y "ene". La musicalidad se ve en la cantidad de sílabas que, junto con la rima de las líneas, ayuda a ilustrar esta figura literaria vigente en *La huasanga*.

DR. ARTEMIO POSADAS

La entrevista

Artemio Posadas, Doctor Honoris Causa,

Artemio Posadas aceptó responder preguntas sencillas sobre su trayectoria y su experiencia con el huapango y con la cultura huasteca. Él dice que su satisfacción más grande como escritor de versos para sus discos "ha sido haber podido satisfacer mi necesidad de expresión y saber que mis versos han contribuido a acrecentar el acervo huasteco".

HUASTECA, ¿DE QUÉ ESTÁS HECHA?

Describe ese logro como parte de sus espacios creativos y asegura que al escribir sobre la región huasteca ha logrado sentirla más cerca. También ha logrado aprender más de ella y ha descubierto que las líneas poéticas en sus versos han traído mejores experiencias sobre su gente, sus raíces y sobre su tierra. Para Artemio, el tema principal en sus versos es la región y su bella característica de cantarle a la mujer.

Dr. Artemio Posadas, San José, California.

Constantina, mujer teneek, en Tamaletom.

Sus versos, dice el Dr. Artemio, encierran evocación y nostalgia por lo inalcanzable. Y en su constante trabajo él dice que si pudiera dejar un legado a las nuevas generaciones a través de su quehacer creativo, le gustaría que las nuevas generaciones no solo se expresaran por medio del canto, de la música y del baile, sino que lo hicieran también por medio del verso.

Dentro de sus proyectos, el Dr. Artemio nos dijo que está trabajando en un libro de *Versada huasteca* y que está organizando sus grabaciones y todas sus investigaciones sobre el huapango. Su deseo, dice, es "dejar todo este material organizado para que así esté más accesible para las futuras generaciones".

HUASTECA, ¿DE QUÉ ESTÁS HECHA?

La tecnología, asegura, es una oportunidad para tener acceso a la cultura porque hay mucho material disponible. Sin embargo, dice, es necesario organizar más talleres de huapango, hacer más huapangueadas y ayudar a las comunidades a tener conciencia amplia de lo que significa mantener vivas las raíces de nuestra región, en este caso de la Huasteca y de su hermoso acervo cultural.

El gusto por el huapango, en palabras del Dr. Artemio, nace entre otras cosas de la similitud que tienen los acentos [de su armonía] con los latidos del corazón. "Su falsete", dice, "me estremece". "Los zapateados entran también en un espacio muy amplio en el que no hay distinción, solo convivencia humana", concluye.

El Dr. Artemio Posadas tiene ya dos discos grabados y nos dice que "La lloroncita" es el son más querido por él- en el disco "El viento que murmura". En ese son dice: "plasmé el amor a lo inalcanzable, el dolor que me oprime como garra; en él aflora mi vulnerabilidad humana"

La última pregunta de esta breve entrevista para el Dr. Artemio fue: ¿Qué opinas del estado en el que se encuentra la cultura del huapango en la región donde vives? ¿Crees que la comunidad mexicoamericana la recibe con agrado o piensas que hay rechazo y/o preferencia por otros estilos, como, por ejemplo, el son Jarocho?

Él respondió: "Yo creo que la cultura huasteca está muy viva en el área de la Bahía de San Francisco, y de sus alrededores; y su aceptación en la comunidad mexicoamericana es bien recibida. Pero es necesario intensificar el Movimiento Huasteco. Es posible que haya preferencia por otros géneros de sones, pero la comunidad es la que escoge y no debe haber ganadores, pues la cultura se vive, se comparte; no se compite".

LOS AÑOS FÉRTILES EN EL ÁREA DE LA BAHÍA

Un breve recorrido

Durante la década de los años 90, el Dr. Artemio Posadas plantó semillas fértiles que ahora han dado sus frutos en increíbles músicos y bailadores del son. Hay testimonio directo de esas semillas: se organizaron festivales de huapango, se escribió sobre la Huasteca, se impartieron clases de baile, de música y de creatividad literaria, se realizaron talleres relacionados con la vida y la cultura de la región huasteca.

Las memorias están aquí, en algunas fotos que hablan por sí solas de este trabajo mágico realizado por el Dr. Artemio Posadas.

La Dra. Rosa Flores y el Dr. Artemio Posadas, impulsores del Huapango en la década de los 90.

La Dra. Rosa Flores y el Dr. Artemio Posadas zapateando un Huapango durante El Festival de Huapango en Richmond, California, en los años 90.

Hay fotos de festivales donde músicos de la altura de Los Camperos de Valles y de Los Caimanes de Tampico, atendieron gustosos para darle el marco perfecto a la celebración del son huasteco.

HUASTECA, ¿DE QUÉ ESTÁS HECHA?

El trío Los Caimanes de Tampico durante el Festival de Huapango en el norte de California en los 90.

La Dra. Rosa Flores y el Dr. Artemio Posadas, zapateando un Huapango durante el Festival de Huapango en el Área de la Bahía de San Francisco, a mediados de los años 90.

También participó el maestro Flavio Martínez, quien por desgracia ha partido a mejores regiones no sin antes dejarnos hermosas memorias de su amor y devoción por los indígenas de la Huasteca.

HUASTECA, ¿DE QUÉ ESTÁS HECHA?

*Mujeres teenek y Flavio Martínez bendiciendo el zacahuil
y los bocoles en Las cuevas del viento y la fertilidad.*

Flavio Martínez danzando durante el Festival Huasteco en Richmond, California, a mediados de los años 90.

HUASTECA, ¿DE QUÉ ESTÁS HECHA?

La investigación del son nunca termina. El Dr. Artemio Posadas ha sido impulsor de la tradición huasteca y ha sido incansable promotor de esta tradición. Su profundo amor y entrega se reflejan en su práctica diaria, donde los talentos jóvenes disfrutan de su sabiduría y de su sensibilidad.

Entre las agrupaciones que se formaron en esos años están los siguientes tríos:

"*TAM-AJIB*", que quiere decir: "*Lugar de fiesta*", formado por Graciela Lechón, Mary Ann Zahorsky, y Artemio Posadas.

"*CANILAB*", que significa "*Música/Son*", formado por Rosa Flores, Mónica Hernández y Artemio Posadas.

"*TAMUNAL*", cuyo significado es "*Donde se encuentran*", que tuvo diferentes integrantes a lo largo de los años, como Ricardo Moreno, Ricardo Mendoza, Jennifer Austin, Roberto Castro y Rosa Flores. Todos, por supuesto, dirigidos por el Doctor Artemio Posadas.

Trío Tamunal, con Ricardo Moreno, Ricardo Mendoza y Artemio Posadas. Huapangueada en el en el patio trasero de la Noe Valley Community Store en 1993.

Las organizaciones formadas para promover el son y la cultura huasteca fueron INDICH, cuyo significado fue Instituto Difusor de la Cultura Huasteca, y que posteriormente pasó a ser CEDAM-Centro de Educación de las Artes Mexicanas.

HUASTECA, ¿DE QUÉ ESTÁS HECHA?

En estas agrupaciones, niños y jóvenes participaron y formaron parte de uno de los proyectos más esperanzadores creados para honrar en lo más profundo el amor por la música de huapango (o son huasteco) y para darle énfasis y respeto a las tradiciones indígenas de la región.

Huapangueada con motivo del fin de cursos de CEDAM en San José, California, en 1997.

Los estudiantes de estos centros participaron en actuaciones y presentaciones apoyadas por padres de familia y por la comunidad mexicana del área de San José, del área del este de la Bahía, en Richmond, del East Bay Center for the Performing Arts (EBCPA) y de San Francisco, California.

El Dr. Artemio Posadas recibiendo el premio National Heritage Fellowships en George Washington University.

En la actualidad, Artemio Posadas continúa defendiendo la existencia del son huasteco al seguir promoviendo actividades de baile y música en diferentes regiones del Este de la Bahía y del norte de California.

Por esta razón, el 30 de septiembre de 2016, el National Heritage Fellowships Program otorgó al Dr. Artemio Posadas el premio honorífico Bess Lomax Hawes, durante una ceremonia que tuvo lugar en el Lisner Auditorium, de la George Washington University, en Washington, D.C.

HUASTECA, ¿DE QUÉ ESTÁS HECHA?

*De los nueve artistas premiados, solamente el Dr. Posadas
recibió el premio honorífico Bess Lomax Hawes.*

La foto corresponde al concierto ofrecido por cada persona premiada como parte de la demostración individual de su arte. Todos recibieron una medalla, pero cabe destacar que de los nueve artistas premiados, solamente el Dr. Posadas recibió el premio honorífico Bess Lomax Hawes. Este premio se da solamente a la persona que se mantiene firme con su arte tradicional y que logra con ello hacer un impacto y diferencia en la vida cultural de este país.

El Dr. Artemio Posadas, galardonado por su hermosa trayectoria en la promoción y rescate de la cultura huasteca, así como por la enseñanza del son tradicional en el área de la Bahía y del norte de California en Estados Unidos.

¿Por qué se recibe este honor?

El Doctorado en Letras y Humanidades otorgado al maestro Artemio Posadas fue idea del Doctor Hugo Morales, quien estudió formas de gobierno en la Universidad de Harvard. El doctor Hugo Morales pertenece a la Mesa Directiva de Universidades y dio clases en la Universidad de San José, al norte de California. El doctor Hugo Morales decidió nominar al entonces maestro Artemio Posadas para obtener el Doctorado Honoris Causa, después de seguir el recorrido del maestro Artemio en el camino de la enseñanza, difusión, rescate y defensa de la cultura tradicional, específicamente, del son Huasteco.

El Maestro Artemio empezó a dar clases en el año 1974, en San José, California. La nominación llegó a revisión de la Mesa Directiva de la Universidad y fue aprobada por la Mesa Directiva y después por la presidenta de la Universidad Estatal de San José.

Dentro de la lista de personalidades que han obtenido este Doctorado se encuentran el presidente John F. Kennedy, al igual que Luis Valdez, quien produjo *La Bamba* y Tommy Smith, atleta afroamericano que ganó la medalla de oro en los 200 metros en los Juegos Olímpicos de México.

La ceremonia de entrega de este reconocimiento tuvo lugar en el Centro de Eventos de la Universidad de San José, el día 24 de mayo de 2018, cuando se graduaron los egresados del Colegio de Artes y Humanidades.

Para el Dr. Artemio Posadas, este doctorado es un aliciente más que significa que debe seguir estudiando, aprendiendo y promoviendo su cultura. Además, dice, le abre espacios para ofrecer apoyo económico a las comunidades de la Huasteca y apoyo constante a los habitantes de esas zonas indígenas. Para el Dr. Artemio Posadas, la defensa del son y de las tradiciones implica hacer investigaciones y visitas a las ceremonias o huapangueadas, pero también implica ofrecer aliciente moral y económico a sus habitantes, sobre todo porque hay muchas carencias y necesidades en la región.

El Dr. Artemio Posadas es un ejemplo de perseverancia, disciplina, compromiso, respeto profundo a su cultura, y sobre todo, ejemplo de un gran amor por sus raíces.

ROSA FLORES

CITATION TO 𝔄rtemio ℘osadas

HONORARY DOCTOR OF FINE ARTS

Artemio Posadas has made a significant impact on Northern California and Mexico throughout his career as a musician, dancer and educator. The contributions of his distinguished career represent the ideals of the California State University and San José State University.

Mr. Posadas is a musician, dancer and teacher of traditional Mexican music. The 2016 National Endowment for the Arts National Heritage Fellow was born in San Luis Potosí, Mexico, where he discovered son huasteco, regional music punctuated with poetic, instrumental and dance improvisation and falsetto breaks.

A graduate of Universidad de San Luis Potosí, Mr. Posadas recorded songs with the late Beno Liberman for the Antología del Son Mexicano and began holding music and dance workshops in California in 1974, where he later became an American citizen.

Mr. Posadas served as a master artist through the Alliance for California Traditional Artists and taught at the Center for Training and Careers in San José and in the East Bay public school system. An influential educator of Mexican music and dance, Mr. Posadas has taught musicians and dancers for 40 years.

Through his commitment to creating community and honoring cultural heritage, Mr. Posadas epitomizes Spartan pride. In recognition of his outstanding accomplishments and dedication, the California State University Board of Trustees and San José State University are proud to confer upon Artemio Posadas the honorary degree of Doctor of Fine Arts.

THE TRUSTEES OF THE CALIFORNIA STATE UNIVERSITY

on recommendation of San José State University
hereby confer upon

𝔄rtemio ℘osadas

the Honorary Degree of
DOCTOR OF FINE ARTS

With all the rights, privileges, and honors pertaining thereto, given at
San José State University
May 24, 2018

Governor of California and President of the Trustees

Chair, The Board of Trustees

Chancellor, The California State University

President, San José State University

El título Doctor of Fine Arts, Honoris Causa, otorgado al maestro Artemio Posadas por la Universidad de San José, en el norte de California, el 24 de mayo de 2018.

HUASTECA, ¿DE QUÉ ESTÁS HECHA?

Lo que sigue es una narrativa poética dedicada al doctor y maestro Artemio Posadas, como agradecimiento y tributo a su trayectoria artística y cultural, y por su aportación indiscutible a la cultura y a las tradiciones de la Huasteca.

HUELLAS DE LUZ, DE PERGAMINOS... ¡VOCES DE PIEDRA!

Recuerdos que vibran en historias marcadas por letras dulces de calidad y prestigio. Huellas eternas de sonido visual. Perennes pasos cimentados. ¡En el papel se erige el nombre y -dentro del cuadro- la metáfora! ¡No es el testimonio en letra o en papel lo que más brilla! Es el sagrado momento en el que el alma en hechizo ofrece lo más hondo de sí: su gran talento. Momento único e irrepetible. Dulce instante en donde la historia queda estática. En donde el agua brilla en oro, como ocre de sol antiguo. Con rocas en monolitos moldeados por el viento, por la brisa y por los climas de tiempo indefinido. Exquisita experiencia la de ese espacio creativo, la de compartir y la de participar en los múltiples caminos del arte.

¡La cultura se comparte, pero la sabiduría es propia! Se respira y vibra como un corazón latiendo. Baila sensual en la danza mágica de la creatividad, ¡en dulces presencias de musas inspiradas...! ¡Y en esa cadencia se queda el respiro y en el respiro, la huella, como surco, como estela del universo!

Una clase, un zapateado, un verso declamado, una nota musical en espera del falsete, ¡o simplemente detenida en la línea de un poema -de un verso- aún no escrito! Todo conforma un legado.

HUASTECA, ¿DE QUÉ ESTÁS HECHA?

¡El diploma es canto mágico! Es memoria de un sol entregando esa huella en sombra conmovida, en palabras cuyo roce sutil en las arenas dibuja caminos como testimonio de un beso legendario. Igual que el sol, cuyo fulgor ayuda a crear nuevas esculturas de noble raza -así el talento entrega esculturas de memorias (sorprendidas). Y como la lluvia, cuyas gotas abren surcos en esos suelos donde el himno a la montaña tiene color de agua en nube alta, así la trayectoria, en arte, ¡deja huella como mágica exhalación de vapor noble! Certificados, diplomas, reconocimientos y el magnífico grado de honor, **Doctor Honoris Causa**: todos conforman imborrables aplausos grabados en la memoria de aquellos privilegiados por su enseñanza.

Ahora, ¡como eco latente (inolvidable) como duna formada en erosionada tierra, como felpa de musgo en superficies templadas, y como estatua de rocas naturales... así esta trayectoria es: un gesto humilde...

¡Un sello perenne sobre la montaña!

Asunto : Constancia

Lugar: Tamaletom Tancanhuitz S.L.P. Fecha : A IO de enero de 2022

El que suscribe C: Benigno Robles Reyes representante del Centro Ceremonial de Tamaletom del municipio de Tancanhuitz S.L.P.

Hago constar que el Maestro Artemio Posadas Jiménez es colaborador y miembro del centro ceremonial de esta comunidad así mismo se le agradece su donación a este centro cultural con el material fotográfico y videográfico para el archivo de nuestro museo comunitario, que será de mucha importancia y reflejo de nuestra comunidad indígena teenek.

Se extiende la presente constancia a los 10 días del mes de marzo de 2022.

Atentamente,
Representante legal
del Centro Ceremonial de Tamaletom

C: Benigno Robles Reyes

HUASTECA, ¿DE QUÉ ESTÁS HECHA?

CONSEJO DE ANCIANOS INDIGENAS DE LA CULTURA HUSTECA, TENEK Y NAHUATL DEL ESTADO DE SAN LUIS POTOSI

SEDE: EJIDO CHUNUNTZEN No.1
MUNICIPIO DE HUEHUETLÁN
SAN LUIS POTOSI

ASUNTO: CONSTANCIA DE APOYO

A QUIEN CORRESPONDA:

LA QUE SUSCRIBE C. **MARIA ROSA MARTINEZ RAMIREZ**, PRESIDENTA DEL COMITÉ DE LA ORGANIZACIÓN DEL CONSEJO DE ANCIANOS INDIGENAS DE LA HUASTECA TENEK Y NAHUATL (CAICH) DEL ESTADO DE SAN LUIS POTOSI.

HAGO CONSTAR

QUE EL **C. ARTEMIO POSADA JIMENEZ**, DESDE EL AÑO 1995, HASTA A LA FECHA, ES MIEMBRO ACTIVO Y A ESTADO COLABORANDO ARDUAMENTE A BENEFICIO DE NUESTRA ORGANIZACIÓN. HACIENDO DONACIONES FOTOGRAFICAS Y APORTANDO ALGUNAS INVESTIGACIONES ACERCA DE NUESTRA CULTURA, ADEMAS ORIENTA A LA MESA DIRECTIVA CUANDO SE LLEVA ACABO ALGUNOS PROGRAMAS ARTISTICOS O DE CONMEMORACION.,
REALIZÖ VISITAS EN LAS COMUNIDADES INDIGENAS, PARA RESCATAR LAS DANZAS TALES COMO EN LOS MUNIICIPIOS DE XILITLA, COXCATLAN, TANCANHUITZ, HUEHUETLAN Y AQUISMON.

LAS DONACIONES FOTOGRAFICAS QUE A COMPARTIDO A LA ORGANIZACIÓN CAICH A BENEFICIADO AL MUSEO LOCAL.
TAMBIEN AYUDA A DIFUNDIR LA CULTURA EN OTROS LUGARES.

PARA LOS USOS Y FINES LEGALES QUE AL INTERESADO CONVENGAN SE EXTIENDE LA PRESENTE EN EL EJIDO DE CHUNUNTZEN No1 DEL MUNICIPIO DE HUEHUETLAN SAN LUIS POTOSI, A LOS 3 DIAS DEL MES DE JUNIO DEL DOS MIL VEINTIDOS

ATENTAMENTE
PDTA. DE LA ORGANIZACION

C. MARIA ROSA MARTINEZ RAMIREZ

ROSA FLORES

Smithsonian Folklife Festival

Certificate of Appreciation

presented to

Artemio Posadas

by the Smithsonian Center for Folklife and Cultural Heritage in official recognition of participation in the 39th Annual Smithsonian Folklife Festival on the National Mall in Washington, D.C., and in appreciation of exceptional contributions to the increase and diffusion of knowledge about the cultures and traditions which enrich our nation and the world.

Lawrence M. Small
Secretary
Smithsonian Institution

Richard Kurin
Director
Smithsonian Center for Folklife and Cultural Heritage

Diana Parker
Director
Smithsonian Folklife Festival

2005

HUASTECA, ¿DE QUÉ ESTÁS HECHA?

HUASTECA, ¿DE QUÉ ESTÁS HECHA?

¡LA LEYENDA SE HA JUBILADO!

Rosa Flores

El Dr. Posadas durante su ceremonia de jubilación en el East Bay Center for the Performing Arts, en Richmond, California, en junio de 2023.

ROSA FLORES

Una línea!
 ¡Una historia!
  ¡La imagen en la memoria!
   Y el viento en murmullo-
            pasando.
      ¡Cuánta presencia de ceremonia
         Porque el sonido
           es ahora
              nombre (en color)
                de pergamino sagrado!

Se agrupan las golondrinas
   en tierna decisión de espera
      cada tarde
        -cuando entre nubes-
            el sol a dormir se entrega.

Y en el instante del alba
    estas tiernas golondrinas
       corren a escribir
          el nombre "Doctor Posadas"...
             ¡en el viento que murmura!

HUASTECA, ¿DE QUÉ ESTÁS HECHA?

Un viento que puntual llega
    a cada satín de flor;
        y en respetuoso contacto
            intensifica el color,
                con la ayuda
                    y la tibieza
                        de sones en "Re Menor"!

La lluvia abraza su nombre
    porque sabe que
        su esencia guarda
            memorias de mares.
                Y en gotas rítmicas
                    caen conmovidas
                        porque recuerdan
                            su origen,
                                ¡en voz antigua!

Una leyenda se queda
    en raíces palpitando;
        en hojas
            de aspen
                temblando por la humildad
                de la tierra.

ROSA FLORES

Por la sagrada presencia
    del oro
        en sus hojas tímidas,
            por la sabiduría en eco
                de una rica historia viva,
                    grabada
                        en códices que respiran
                            líricas y poesía!

Él -sabio como los árboles-
    plantado está
        (y trabajando).
            No se mueve,
                pero envía
                    -en cada raíz-
                        su vida; y
                            en verdes ramas ofrece,
                                ¡profunda filosofía!

PERSONAJES IMPORTANTES DAN SU OPINIÓN SOBRE LA TRAYECTORIA DE ARTEMIO POSADAS

"Artemio Posadas es casi un movimiento cultural de un solo hombre en el norte de California".

Daniel Sheehy | Ex director del Smithsonian Center for Folklife Cultural Heritage

"A través de su amor y compromiso con el son tradicional, Artemio Posadas ha liderado todo un movimiento".

Jordan Simmons | Director Ejecutivo del East Bay Center for the Performing Arts, en Richmond, California.

"Artemio Posadas es un excelente promotor activo del son tradicional mexicano en el área de la Bahía de San Francisco, desde 1974, y es también uno de los trovadores y compositores más sólidos y prolijos que ha dado el son Huasteco".

Armando Herrera | Secretario Estatal de Cultura de San Luis Potosí.

HUAPANGUEADA DE MARZO 2017

Este glorioso evento tuvo lugar en el este de la Bahía, en Richmond, el 25 de marzo de 2017. Aquí participó el trío Bahía Huasteca, integrado por Dolores García, Pablo Quiroz y Artemio Posadas. Múltiples participantes asistieron al lugar y gozaron de la alegría, de la pureza y del encanto de este mágico son huasteco.

Huapangueada en Richmond, California, 2017.

HUASTECA, ¿DE QUÉ ESTÁS HECHA?

El Dr. y maestro Artemio Posadas es -y será- el ícono más importante en la difusión y promoción del son tradicional, del huapango, de las danzas indígenas y, en general, de la cultura huasteca.

Huapangueada en casa de la familia Beltrán.

EXPRESION REPENTINA DE UN PALPITAR CONVERTIDO EN CANTO: POEMAS EN HOMENAJE A LA HUASTECA

En poesía espontánea la imagen del recuerdo se forja en múltiples líneas y en metáforas. En líneas que me atrapan con su estremecedora voz -con su misterio.

Me invaden con su hechizo. Me comprenden y también, vibran conmigo. ¡Sienten (y respiran) y producen los ecos infinitos de tantos seres en mis venas!

La metáfora se convierte en la esencia viva; la del ritual, la del beso a la estrella lejana. La del arrullo dulce de un momento único en ese sagrado camino que no me olvida.

Su dulce sabor es voz eterna. Es agua de río, sirena en magia.

Es miel imaginaria en panalitos de historia.

HUASTECA, ¿DE QUÉ ESTÁS HECHA?

¡Y la disfruto! Porque al oído llega como inesperada brisa de lluvia, de estela en niebla fina. Se manifiesta en la piel como velo sagrado de recuerdos en eco. Y se detiene orgullosa en las manos y en el rostro.

Los poemas que se presentan aquí, en las siguientes páginas, son solo memorias en metáfora; en símbolos sutiles que representan bocetos delineados con delicadeza y respeto.

Son la expresión repentina de un palpitar convertido en canto, en suspiro y presencia. Son el vínculo indefinido de la conexión del tiempo. Son tributo tímido: expresión de honda reverencia a la Huasteca. Y son reverencia a la mujer, aquella que borda, al hombre que danza, a la mujer que se agrega en cadencia al ritual de música y de canto.

Poemas al mundo huasteco, a la madre tierra, ¡a la montaña! Poemas que definen la faz del mejor universo en mi alma.

Y con reverencia ofrezco en cada línea posterior el rezo de ese árbol, cuyas ramas eternas se elevan en posición de ruego ¡hacia el alto y mágico cielo de la vida!

HUASTECA, ¿DE QUÉ ESTÁS HECHA?

Las nubes me lo preguntan
cuando el viento las pasea.
Quieren saber si son bruma
de una noche que gotea
o si son la sombra aguda
de martirizadas piedras.

¿Huasteca, de qué estás hecha?
¿Qué piensa de ti la luna?
Y esa distante marea
que magia le da a la espuma,
¿crees que siempre te recuerda
en su soledad nocturna?

¿Huasteca, de qué estás hecha?
¿De sol, acaso de ecos?
Porque al caminar su brecha
la tarde, con sus destellos
siempre se lleva su mueca
dormida en lago, en reflejo.

HUASTECA, ¿DE QUÉ ESTÁS HECHA?

Y el horizonte aterido,
cual vigilante devoto
dibuja sueños, caminos
como si fueran esbozo
de cantos, perennes himnos
que son de tu tierra el gozo!

En tus oquedades canta
la luna que te ilumina.
Hay pozos, como garganta,
que al amanecer afinan
su voz para transformarla
en cantos de golondrinas.

Cuando la montaña asoma
su presencia en el estero,
ve que su cuerpo de sombra
está en los espejos del cielo,
en los espejos que adornan
a las aves en su vuelo.

Surgen después varias dudas
que estremecen, que sacuden,
por la montaña desnuda
que a reflejarse acude:
Sempiterna, diosa muda,
será piedra, diosa o nube?

¿Qué historias tienen tus árboles
de antiguos ritos, testigos,
con indígenas cantando

ROSA FLORES

a sus piedras, a sus ríos,
a los montes inspirando
y al antepasado fino?

¿Qué voz le tengo que dar
a la paloma en su nido?
Cómo poder rescatar
de tus antiguos abismos
la luz que ha de iluminar
¿este mi largo camino?

¿Huasteca, de qué estás hecha?
¿Dónde tu huella se escribe?
¿Por qué las flores abiertas
baile y música te piden?
¿Por qué se queda tu mueca
dibujada en arcoíris?

—Rosa Flores

HUASTECA, ¿DE QUÉ ESTÁS HECHA?

Vereda a un lado del río Huichihuayán, Huasteca potosina.

Amanecer cerca de El sótano de las golondrinas.

BÓRDAME LA HISTORIA

Poema dedicado a la mujer indígena que borda, ¡que existe!

Fotografía de Jesús Alberto Flores Martínez. Anciana teenek tejiendo zapupe en el corredor de su casa. Potrero Segundo, Congregación Xiloxuchil, Tantoyuca, Veracruz, México. 16 de mayo, 2018.

BÓRDAME LA HISTORIA

Porque puedo ver que emana
de tu mirada un recuerdo
que se estampa dulce, místico
y da vida a tus ancestros.

Festival de Danzas **Étnicas** *en La Plaza del Municipio
Coxcatlán, en la Huasteca potosina.*

HUASTECA, ¿DE QUÉ ESTÁS HECHA?

Porque tu silueta queda
en mi memoria grabada,
igual que luna de ámbar,
miel de arcilla, espejo de agua.

Aguas del río *Huichihuayán* en la Huasteca potosina.

Porque es el aire tu guardia
y son las piedras, respuestas
que imprimieron su existencia
en pergaminos de tierra.

Un camino en los suelos de la Huasteca potosina.

Y porque tu choza encierra
el material de tus sueños
que cada barrote teje,
como el hilo, entre tus dedos.

HUASTECA, ¿DE QUÉ ESTÁS HECHA?

Fotografía de Jesús Alberto Flores Martínez.
Mujeres teenek tejen un sombrero de palma afuera de su
vivienda tradicional. Potrero Segundo. Congregación Xiloxuchil,
Tantoyuca, Veracruz (México). 16 de mayo, 2018.

Bronceado mármol, por eso,
con veneración y anhelo
pido, desde mi horizonte:
¡bórdanos la luz, que estamos ciegos!

Festival de Danzas **Étnicas** *en la Plaza del Municipio Coxcatlán en la Huasteca potosina.*

MI BÚSQUEDA EN PASO FIJO

Caracol de ritmo en piel,
alegoría de caminos:
¡Cadencia de hoy, de ayer!

HUASTECA, ¿DE QUÉ ESTÁS HECHA?

Limpio se escucha el eco
de su antecesor ajeno;
sus pisadas repercuten
como la lluvia en el suelo.

Baila, se mueve la noche,
mimetiza el universo;
humilde, la tierra gira
y transmite un sentimiento.

En una sonaja herida
se vuelca el canto del río,
adornando la tristeza
de los crepúsculos fríos.
Concéntrico, en plazo fijo
el tiempo queda colgado
como un collar cristalino,
en mi corazón esclavo.

Pame, Teenek (Huasteco)
Nahuatl, distante ancestro;
Olmeca, Maya: en mi pecho
¡vives, indígena egregio!

A ti, ancestro, pido
como con el cuerpo roto:
guía con tu voz mi camino
hasta que encuentre mi rostro.

ROSA FLORES

Fotografía del Dr. Artemio Posadas.
Anciana teenek.

EN SECUENCIA DE SEMILLAS

Observo al horizonte y descubro que es
el horizonte el que nos mira;
¡el que nos entrega esa honda oración a los ancestros!
Descubro que en ese horizonte están tus ojos:
Mujer montaña (de árbol):
anciana teenek,
¡con mirada de tierra, de sagrado universo
que nos ofrece voces profundas de misterio en cueva!

HUASTECA, ¿DE QUÉ ESTÁS HECHA?

Entregada al hechizo, me arrodillo
(hipnotizada y quieta)
en el asombro del sentir -de esa tu huella!

Observo el surco,
al mágico y maravilloso surco de tu piel.
Y escribo estos capítulos de honor
a tu esencia viva.

Cada línea; cada camino en tu superficie física,
cada vericueto dulce representa la prodigiosa
verdad de tus ancestros.

Y descubro esa vida en semilla;
en tronco.

Y pregunto al camino:
¿en qué momento es apropiado
acariciar ese eco maravilloso de tu huella?
¿Cómo encajar en su congruencia?
¿Cómo detener el paso para contemplar
la historia-abierta?

...

¡Pero, sólo te contemplo!
Y te llevo en la memoria agradecida.
Y llego a la conclusión de que eres camino, pájaro, eres río.
Eres semilla antigua,
y semilla nueva, y árbol sedentario.

ROSA FLORES

Cada trazo en tu piel, cada surco firme y pausado,
¡cada ramificación de tus caminos
habla del hondo refugio de tus sueños!

Y tus ojos de almendra buena
y tu nariz, vértice exacto,
tu nariz de noble ancestro (que habla de príncipes y guerreros),
tus ojos y nariz,
contribuyen a honrar la majestuosa expresión de tu sonrisa.

Boca y mejilla y mentón,
curvas y líneas;
cada una en tu rostro
entrega la obra maestra
de nuestro padre,
¡el tiempo!

Tierra en misterio, montaña en sol, agua enternecida, hoy
postrada te digo:
Es la canción del viento
la que canto, es la armonía del sol,
la que practico, es la quietud del árbol la que imito...
y es tu mirada
(en rezo)
la que busco.

—Rosa Flores

ALGO TIENE EL HUAPANGO

Algo tiene el huapango, su verso y su falsete. Algo que inspira y que enaltece. Tiene la magia dulce de amaneceres limpios, la memoria del ayer que no tiene palabra, solo esencia. Sentimiento noble de cuna, de vientre materno, de centro profundo, de origen. Algo tiene el huapango, su verso y su falsete. Algo que nos inunda y que nos nutre, que existe como fuente inacabable de amor, sublime y bueno. Amor de piedra, de río, de ramita enamorada. Amor de cascada sorprendida y de tierno cantar en primavera. ¡Encadenado se siente el corazón! Esclavo perenne del falsete, profundo, nostálgico, que vive hondo en las remotas regiones en donde el amor nunca se borra, porque brota implícito en cada segundo, con el palpitar y cuando respiramos. Sones eternos pasean a cada instante en la memoria. Ritmos incomparables y versos que honran al ser, al viento, que marcan la línea de un ayer que nunca muere. Cadencia definida, voluptuosa, mágica y real: de río, de veredas, ¡de montaña! Silueta que se estampa en la mente cuando la noche (tímida) se asoma al paraje del atardecer que sueña con el sol, con el silencio. El huapango y su falsete: el violín, sus guitarras (jarana y huapanguera), el entarimado. La falda, el *quexquémetl*, el petob y la camisa, el sombrero, los colores hermosos, los tonos de la voz. El zapateado, el movimiento, la cadencia, el ritmo: el hombre, la mujer, la joven, el adolescente, el niño o la niña, todo y todos, juntos con el corazón latiendo, en conjunto o por separado. Todos respondiendo al hechizo de la tradición, de ese instante único en el que la nube se pierde -como ninfa etérea- entre los rayos de un horizonte cautivo.

Rosa Flores bailando huapango en el año 2020.

¡HUAPANGO, MÁGICO RITUAL!

No solo es que lo baile... o que lo escuche.

¡Al baile yo lo observo! En mi mente, en mi ser. En el alma conmovida y quieta. Lo respiro, le doy forma; yo lo pienso y me piensa. En cada golpe hay un sentir. En cada giro, un recorrido, conexión de movimiento, con el viento, conexión del zapateado, con el eco. En el golpe de mi zapateado se expresa la voz, lejana voz de la montaña, y en el giro se siente el espacio sagrado del ancestro.

Al huapango lo moldeo, lo analizo. Con mi zapateado siempre espero un resultado, de catarsis. Porque para mí, cada percusión es un alivio, es sanación, es dulce rito, es línea profunda de un poema en armonía, de un dibujo exquisito, de una nota musical que alivia al alma. La restaura, siempre, ¡la restaura!

Lo recibo, lo dibujo, lo paseo en esta suave y sólida madera. Lo transformo en rutas dulces de percusión repetida. Lo construyo paso a paso en instante delicado, irrepetible. En belleza efímera de un instante. Lo dirijo. Y me sigue... y lo sigo. Y lo llevo con delicadeza en suave cadencia de ritmo, en gracia de orgullo. Pero también... me dibuja, me lleva en círculos y líneas y en cuadros de arte improvisado. Figuras de gacela, de olas de vapor en seda pura, olas de mar, ¡de movimientos infinitos! Elegancia de aves blancas que mueven sus alas hipnotizadas por la música.

En el violín yo me pierdo y en el falsete me encuentro. *¡En cada zapateado yo me busco y en el son maravilloso me reencuentro!*

Soy golpe en tacón, soy voz en cadencia, soy percusión en ritmos recurrentes, círculos, valseados y faldeos, coqueteos con el viento en sonrisas a la vida, agradecida. En el huapango me descubro, en cada percusión vuelvo a nacer.

Al huapango siempre lo dibujo. ¡Y el huapango a mí también, siempre, siempre me dibuja!

PALABRAS FINALES

¡Profundo agradecimiento para el Maestro Posadas! Escuchar los versos de este disco ha sido un viaje incomparable hacia las mágicas regiones de la poesía, porque se vive la imagen descrita en el verso, se palpa el suelo, la piedra y el horizonte; se escucha clarito el canto del ave por la mañana y se puede notar la veneración humilde de los rayitos de sol cuando al amanecer se asoman en silencio hacia la vida.

Se pueden sentir los aromas de tímido resplandor de amaneceres adornados de coral; ¡de mágico misterio que atrapa e hipnotiza, olor de historia!

Son aromas entregados en semillitas de amor esparcidas dulcemente por la nube; la nube que pasea cadenciosa sobre la sierra entre los árboles (sintiendo) y esperando ese eco maravilloso del trueno, del dios que finalmente le dejará soltar en sensual baile ese su pelo en lluvia.

¡Profundas gracias, Maestro y Doctor Honoris Causa!

Sinceramente,
Dra. Rosa Flores

BIOGRAFÍA

Rosa Flores tiene una Licenciatura en Literatura y Comunicación, una Maestría en Psicología clínica y un Doctorado en psicoterapia de parejas. Vive en Estados Unidos desde 1990. Es originaria de Colima, México, y ha trabajado como psicoterapeuta bilingüe desde el 2002. Rosa ha logrado descubrir en su trabajo como psicóloga, los anhelos centrales del ser humano y ha mantenido la presencia de esos anhelos, a través de su trabajo literario.

En este libro, nos invita a detenernos en uno de esos anhelos, cuando dice:

"Observo al horizonte y descubro que es el horizonte el que nos mira, ¡el que nos entrega esa honda oración a los ancestros! Descubro que en ese horizonte están tus ojos: mujer montaña (de árbol) anciana teenek, ¡con mirada de tierra, de sagrado universo que nos ofrece voces profundas de misterio en cueva!"

COMO CONTACTAR A LA AUTORA DEL LIBRO

Favor de visitar su pagina de internet:
www.rosafloresauthor.org

Escribir un Correo electrónico: dr.rosaflores@gmail.com

O llamar, al Numero: (303) 579-1206

Favor de escanear el còdigo de barra que aparece abajo, para dejar una reseña en Amazon.

www.ingramcontent.com/pod-product-compliance
Lightning Source LLC
Chambersburg PA
CBHW071346110426
42743CB00044B/3006